Wie war's in Japan?

Das bin ich nach meinen zwei Reisen so oft gefragt worden, daß ich es hier zusammengefaßt habe.

Japan ist interessant. Es gibt leider nur dieses nichtssagende Wort, um auf die Frage, wie es in Japan war, mit einem Wort zu antworten. Interessant bedeutet: sehr anders als Europa; sehr unerwartet; sehr uneinheitlich; sehr gespannt zwischen dem Alten und dem Neuen.

Japan ist nicht schön. Natürlich ist Japan doch sehr schön, was die Landschaft, die alten Gebäude – Tempel, Schlösser, Bauernhäuser – und viele Gegenstände der alten Lebenskultur – Lackwaren, Kimonos, Schriftbilder – angeht. Aber diese Dinge sind im Alltag kaum zu sehen. Zu sehen sind städtische Agglomerationen, die sich ewig hinziehen und die jedem Anspruch an Ordnung und Ästhetik widersprechen; das Gewirr der Verkehrswege, dreifach übereinander auf immer höheren Betonstelzen; Reklame überall.

Japan ist anstrengend, jedenfalls das öffentliche Leben. Überall viele Menschen, überall eilige Menschen. Wenn man in einem der riesigen Bahnhofsgewirre ein paar Stufen hochsteigt und auf die rennenden Leute schaut, bekommt man Augenflimmern. Die schwüle Hitze im Sommer wird durch rabiate Klimaanlagen kompensiert. In einem Lokal war die Anlage so stark gestellt, daß die Papierserviette vom Tisch wehte. Aber trotz des Rennens und Hastens haben die Leute keine verkniffenen oder aggressiven Mienen. Die Disziplin ist unantastbar. Die Eisenbahnwagen halten auf den halben Meter genau; der Bahnsteig ist beschriftet; jeder weiß, wo er sich anzustellen hat. Man muß die Japaner sehr bewundern für diese Zurückhaltung und Gelassenheit.

Japan ist kurios. Alles ist hier verpackt, viele Sachen zweimal. In einem kleinen Supermarkt haben wir zwei kleine Mohrrüben in einer Plastikumhüllung mit ausführlicher Beschriftung gesehen. Kurios sind auch die Uniformen. Das Personal der Schnellzüge ist feiner gekleidet als die Jumbojet-Piloten der Lufthansa. Die Männer auf dem Rollfeld des Flughafens haben militärische Uniformen an mit Streifen, Schultergurten und Helmen, alles ein bißchen übertrieben, aber nicht auf die italienisch-operettenhafte Art, sondern ins männlich-militärische gezogen, also die Helme und Mützen etwas zu groß, der Schultergurt zwecklos. Sie sehen aus unserer Perspektive, von oben aus dem Ankunftsgebäude, wie Playmobil-Figuren aus. Überhaupt lieben die Japaner Uniformen.

Japan ist höflich. Die Grobheit der äußeren Erscheinung des Landes, vor allem diese Architektur, die Menschenfülle und das Tempo, mindern die japanische Höflichkeit durchaus nicht. Auf Höflichkeit ist jederzeit Verlaß.

Japan ist überraschend. Die Japaner als die Preußen Asiens? Weit gefehlt. Preußisch-exakt sind die öffentlichen Verkehrsmittel. Schon der private Autoverkehr läuft sehr unpreußisch. Vorfahrt hat das größere Auto. In vielen Lokalen, in den kleingewerblichen Betrieben und Handwerkstätten geht es eher südfranzösisch als preußisch zu; in Behörden auch. Japan ist zumeist von sorgloser und dauerhafter Unaufgeräumtheit; neben einem schön herausgeputzten Einfamilienhaus lagert lange schon rostiger Schrott. An einem Haus ist das Regenfallrohr undicht, seit Jahren, die Wand ist schwarz und unten schon bemoost. Viele Häuser sind in einem Zustand wie alte, sehr lange getragene Kleidung; nicht zerlumpt, aber mit Patina.

Japan ist beeinträchtigend. Man ist in dieser Welt der fremden Schriften wieder Analphabet. Man wünscht sich japanische Stille, aber in den großen Einkaufszentren gibt es dreierlei Musik: die allgemeine Beschallung im japanischen Stil, die Abteilungsmelodie, die in der Gemüseabteilung anders ist als bei den Schreibwaren, immer dieselbe kleine Schnulze, und dann die Sondermusik für einzelne Verkaufsaktionen, die aus Videoapparaten quillt.

Japan ist angenehm. Man fühlt sich immer sicher. Es gibt keine Unfreundlichkeit oder Unhöflichkeit von Personal; wer einen Dienst zu leisten hat, tut dies auf eine Weise, von der man hier nur träumen kann. Wer etwas gibt oder nimmt, wer bittet oder dankt, tut dies mit einer Handbewegung von solcher Eleganz, daß der humane Kern dessen, was Höflichkeit ist, aufs Schönste zu sehen ist.

Japan ist gesund. Das Essen ist viel gesünder als bei uns. Man sieht das den Japanern an, vor allem den älteren.

Mit einer japanischen Ehefrau Hochzeitsreise nach Japan zu machen, ist ein privates Glück und ein touristischer Vorteil. Man kommt an Orte und in Situationen, die Touristen kaum zugänglich sind. Man wohnt in einer Familie. Man sieht außer bei den Hauptsehenswürdigkeiten keine Europäer. Die Hauptpersonen dieser Aufzeichnungen sind deshalb meine Ehefrau Chisako und meine Schwiegereltern Reiko und Hitoshi als unsere Gastgeber, denen ich sehr dankbar bin.

Stadtbilder

Von japanischem Städtebau, von japanischer Architektur zu sprechen, ist falsch. Besser spricht man von Nicht-Planung und Nicht-Architektur. Gäbe es hier ein Büro für Stadtplanung und noch das alte kaiserliche Rechtssystem, so könnte man sich die Strafen für die Stadtplaner nicht grausam genug vorstellen.

Hier steht alles ohne die geringste Ordnung, das geringste Konzept unvermittelt auf engstem Raum nebeneinander und durcheinander, das Alte (häufig sehr Ungepflegte) und das Neue; der Wohnblock, die Fabrik, die Tankstelle, der Tempel, das Einfamilienhaus, die Werkstatt, das Bürogebäude. Und alles ist übersät mit Reklame. Und alles ist mit einem wirren Netz an elektrischen Leitungen überzogen, die durch die Luft geführt werden, an Masten mit 10 oder 20 Kabeln. Es gibt keinen größeren Gegensatz als den zwischen dem durchschnittlichen japanischen Stadtbild und dem Garten eines japanischen Tempels.

Die langgestreckten Wohnblocks sind architektonisch so reizvoll wie ein DDR-Plattenbau. Aber die über die ganze Länge durchgezogenen Balkone mit Betonbrüstungen oder einfachen Metallgittern geben den Gebäuden italienisches Leben; überall ist Wäsche zum Trocknen aufgehängt, über den Geländern hängen Bettdecken.

Mitten in Tokio, einer Stadt mit höchsten Grundstückspreisen, stehen kleine zweistöckige Häuschen in ganz heruntergekommenem Zustand; die Fassaden altersschwarz; längs und quer sind Kabel angenagelt. Auf dem Innenstadtring der S-Bahn in Tokio wächst neben einem abbruchreifen, ungenutzten Häuschen eine Palme wie Unkraut. Wir sind mit dieser Ringbahn durch halb Tokio gefahren; ich ganz vorne an der verglasten Tür des Fahrers, die Kamera bereit, um auf dieser Strecke Eindrücke von Tokio zu fotografieren. Ich habe nicht ein Bild gemacht; es war alles zu trostlos.

Dabei hat das alte Japanische durchaus seine Bedeutung und seine Präsenz. Es gibt viele Wohnhäuser im alten Stil; sie stehen unvermittelt neben allem anderen, was sonst in Japan steht. Auch die Wohnhäuser, die im europäischen Stil gebaut sind, haben, vielleicht unbewußt, charakteristische Züge der alten Architektur bewahrt. Sie liegen gern etwas erhöht hinter einer Mauer, die das Grundstück zur Straße abtrennt, ein wenig geschützt wie eine Burg. Die Eingangssituation hat ihr Modell in den alten Samurai-Häusern. Dazu gehört die Mauer, die den Eingang eingrenzt, und hinter der Mauer wächst ein typisch japanischer Baum. Die Häuser betonen einen Absatz zwischen Erdgeschoß und erstem Obergeschoß, dem in der alten Architektur ein Rücksprung der Fassade entspricht, und haben nach altem Brauch in viele Teilflächen gegliederte Dächer.

Wo Japan das alte ästhetische Bewußtsein hat, sind die Ergebnisse großartig. Das Ryokan, das im Kapitel „Höflichkeit" vorkommt, ist ein ganz neues und modernes Gebäude; zu den Baumaterialien gehörten Stahl, Glas und Beton. Nichts ist so geformt, wie es früher geformt wäre; nichts ist historisierend. Die Dinge sind neu, aber die in ihnen wohnende Ästhetik ist alt, eine Ästhetik, die dem Bewohner ein

Grundgefühl gibt, das man vielleicht mit den Worten ruhig, unaufdringlich, naturnah beschreiben kann und das auch aus dem Fehlen von Zierrat und Ornament herrührt.

Bei einem Spaziergang sehen wir zwei Männer in weißen Overalls, Firmenaufdruck auf den Rücken. Sie sitzen auf Leitern und arbeiten fleißig und fachkundig. Sie haben Gürtel mit den notwendigen Werkzeugen umgeschnallt. Als wir nach einer Stunde wieder bei ihnen vorbeikommen, stehen die Leitern an einem etwas anderen Platz, und die Männer arbeiten weiterhin. Sie putzen, beschneiden und richten einen Baum in einem Vorgarten. Die Pflanzen, die uns als so japanisch ins Auge fallen, sind Kunstprodukte. Der Gärtner zwingt ihnen seinen stilistischen Willen auf. Bonsai-Pflanzen sind nur die zimmertauglichen Ableger. Auch große Bäume werden durch Stangen und Seile in Form gebracht und gehalten, mit Sorgfalt geputzt und geschnitten. Das Ergebnis ist so naturfern wie der Garten von Versailles, erscheint uns aber als eine Art höherer Natur, so wie ein Baum aussähe, wenn er feines japanisches Stilgefühl hätte.

Im Überblick und aus einer gewissen Entfernung hat das Land dann Einheitlichkeit. Man sieht vom Zug aus das gleichmäßige Durcheinander der Gebäude; ein Reisfeld, das bis an die Fabrik herangeht; zwischendrin ein Wohnhaus im altjapanischen Stil; riesige Drahtkäfige – Abschlagplätze für die Golfspieler; Werkstätten, Büros, enge Reihenhäuser.

Das alles, soweit die Ebene geht. Die Hügel sind bewaldet und unbesiedelt, obwohl das Land so knapp ist; nach alter Überzeugung wohnen auf den Hügeln die Götter.

Höflichkeit

Eine Szene: Wir sind in einem Ryokan, einem traditionellen japanischen Landhotel. Das Zimmermädchen bringt uns in unser Zimmer und zeigt und erklärt uns alles. Jetzt geht es darum, ihr das Trinkgeld zu geben. Es befindet sich in einem mitgebrachten Briefumschlag. Das Zimmer ist von dem Vorraum, in dem man die Schuhe läßt, durch eine Schiebetür abgetrennt, einen Holzrahmen mit feinem Holzgitter und Japanpapier. An dieser Grenze zwischen innen und außen findet die Szene statt. Beide Frauen knien einander gegenüber und verbeugen sich mehrfach, sie sprechen Höflichkeitsformeln. Chisako legt den Umschlag hinüber. Das Zimmermädchen erklärt, ihn nicht nehmen zu können, verbeugt sich weiterhin, Chisako ebenfalls und schließt nach einiger Zeit dabei die Schiebetür. Erst jetzt, ungesehen, kann das Zimmermädchen den Briefumschlag nehmen und gehen.

Höflichkeit ist das Benehmen bei Hofe. Hierfür gibt es ein Regelwerk, seit der Hof in die Stadt gezogen ist, der Adlige also nicht mehr als Ritter draußen auf der Burg lebte und auf der rauhen Bärenhaut lag, sondern ins Stadtschloß zog. Hier war er Herrscher wie zuvor, aber im Rahmen einer städtischen Kultur.

Das geschieht in Europa zuerst in Oberitalien, und dort entsteht die Fachliteratur. Castiglione schreibt „Il libro del cortegiano“, das für Europa auf lange Zeit maßgebliche Buch, alsbald auch ins Deutsche übersetzt: „Der Hofmann“. Es ist ein Ausgleich zu finden zwischen der aus der Ritterzeit stammenden Gefolgstreue der Adligen, die nicht mehr der Lebenslage und der Intellektualität entspricht, und der frühen städtischen Bürgerlichkeit, die zum Prinzip der Gleichheit unter dem Aspekt der Kultur tendiert. Der Fürst muß auch hier Fürst bleiben, vorzugsweise dadurch, daß er in diesen neuen Herausforderungen im neuen Benehmen der Erste, der princeps ist, denn das alte Befehlen wäre unkultiviert.

Schwierig war das Spiel auch für die Adligen bei Hofe, denn ein Fehltritt konnte mit Verbannung enden, also mit sozialer Hinrichtung. Wer das Spiel der kultivierten Verfeinerung, das auf einer Fiktion der Gleichheit beruhte, nicht mitspielen konnte, war ein Bauer und sollte besser wieder auf sein Landgut gehen. Deshalb also die Notwendigkeit neuer Verhaltensnormen und, bei Castiglione nachlesbar, die Notwendigkeit einer Fundierung unterhalb der Etikette, durch das Bild eines Menschen, der erzogen wurde und sich selbst erzogen hat.

Auch in Japan ist offenkundig, daß die Höflichkeitsrituale vom Hofe stammen. Der trippelnde Laufschritt der Angestellten in Behörden; die weißen Handschuhe der Busfahrer; überhaupt die besondere Bedeutung von Uniformen. Die Tatsache, daß es in Japan kein korrektes Wort für „nein“ gibt. Das besondere Verständnis von Ehre, freiwilliger, aber strikt verbindlicher Gefolgschaft und Einordnung.

Das Valeur, die Gestimmtheit der Szenen zwischen Auftraggebern und Dienstleistern (modern gesprochen) ist aber in Japan ganz anders höflich als zum Beispiel in Frankreich. Für mich zählt das Benehmen mancher Kellner in feinen Restaurants oder mancher Bankangestellten zur typisch französischen Höflichkeit. Sie halten alle Regeln ein, aber nicht aus Selbstzweck, sondern um sich damit die Freiheit zu nehmen, den Gast oder Kunden eine diffuse Verächtlichkeit spüren zu lassen, wie wenn man bei uns dauernd „Sehr wohl mein Herr, natürlich, sogleich mein Herr" sagte. Vielleicht spielen sie unbewußt oder halbbewußt darauf an, daß es nach einer bürgerlichen Revolution keine Höflichkeit und kein Dienen im alten Sinne mehr geben könne, und karikieren dezent, was ihnen aufgegeben ist.

In allen japanischen Filmen und Büchern, die früheres oder herkömmlich gebundenes Leben zeigen, ist als Verhaltenskonstante die Distanz zwischen den Menschen zu sehen. Es ist ein Sichzurücknehmen. Vielleicht geht es nicht so sehr darum, dem anderen nicht weh zu tun, als darum, sich nicht selbst durch die eigene Ärgerlichkeit, die eigene ungezügelte Tat zu beschmutzen. Das wäre eher ein Aspekt der Ehre als ein Aspekt der Freundlichkeit.

Die Höflichkeit in Japan soll wirken wie ein Maschinenöl, das auch bei harter Last im Getriebe verhindert, daß die Metallteile sich berühren. Sie bleiben immer getrennt, und sei die Ölschicht auch noch so dünn. Eine unmittelbare Berührung wäre eine Beschädigung.

Chisakos Mutter Reiko ist seit Jahrzehnten in freundschaftlicher Verbindung mit einer etwa gleichaltrigen Dame, die im Haus gegenüber wohnt. Diese Dame hat uns etwas zur Hochzeit geschenkt, hatte es aber im Sinne der Kontaktvermeidung schon gebracht, bevor wir in Japan ankamen. Jetzt hat man sich zu bedanken. Chisakos Mutter hat eine Salatschüssel mit Schälchen gekauft. Wir gehen zu dritt über die Straße, nachdem die Uhrzeit hierfür telefonisch unter gewissen Schwierigkeiten vereinbart worden war; um 11 Uhr war es der Dame nicht recht, obwohl dies die offizielle Besuchszeit ist; da war sie nicht vorbereitet. Jetzt ist es 14 Uhr.

Nach japanischer Architektur haben die Häuser eine Umfassungsmauer mit einem Durchlaß, der durch die Gartentüre verschlossen ist. Dahinter geht es eine Treppe hinauf und um die Ecke; auch dieser Teil des Weges ist durch eine Mauer gegen das Haus abgeschirmt. Hier finden die Begrüßung, die Übergabe des Geschenks an die Nachbarin und der Austausch der Höflichkeiten statt. Berührungen gibt es nicht; man gibt einander in Japan nicht die Hand. Man verbeugt sich. Man senkt aber nicht den Kopf wie bei uns, sondern der Oberkörper bleibt gerade und wird nur in der Hüfte abgeknickt. Das braucht Platz. Der Vorgang verlagert sich aus der Enge der Treppe auf den Gehweg.

Die Nachbarin fordert uns viele Male auf, ins Haus zu kommen. Ich wäre gerne hineingegangen, weil ich großes Interesse daran habe, zu sehen, wie die Leute in fremden Gegenden wohnen. Reiko lehnt das genauso viele Male ab; so viel Umstände wolle und dürfe man nicht machen. Es ist beiden Frauen klar, daß die Gäste das Haus nicht betreten werden. Es findet ein Höflichkeitsspiel statt, ein Ritual.

Mir fällt dabei auf, daß ich nicht richtig mitspielen kann. Ich kann mich natürlich auch, wie bei einer gymnastischen Übung, zwanzig Mal verbeugen. Aber erstens sieht die Bewegung bei mir anders aus, und zweitens hat es, wenn ich es tue, nicht den richtigen Ausdruck, den sichtbaren Ernst, und bleibt eine Körperübung.

Wenn man die Szene im Film zeigte, müßten vermutlich alle Europäer lachen. Wenn man an der Szene beteiligt ist, verspürt man die Achtung der beiden Frauen voreinander, die Schwierigkeit des Umgangs zwischen Menschen, die auf Distanz erzogen sind, und die alte Regelhaftigkeit. Jeder stellt sich eher etwas tiefer, als er steht oder gar stehen könnte.

Ist sie Verstellung, diese japanische Höflichkeit? Dieses mechanische Verbeugen, dieses Ja-Sagen und Vielleicht-Meinen, dieses Nein-Meinen und ausweichende Vielleicht-Sagen? Wie bei Wilhelm Busch: „Da lob' ich mir die Höflichkeit – das zierliche Betrügen"? Im Gegenteil. Denn es gibt in der japanischen Höflichkeit nichts Unehrliches. Die Regeln stehen fest. Jeder weiß immer alles. Die Kunst ist es nicht, eine schlechte Meinung zu verbergen, sondern keine schlechte Meinung zu haben. Die Kunst ist es nicht, sich zu verstellen, sondern nichts in sich zu haben, nichts zu fühlen, was den Regeln zuwiderläuft. Die Hauptregel ist die Unantastbarkeit des anderen durch Berührungen, Worte und Wünsche.

Vielleicht liegt dahinter ein tiefes, historisch in Jahrhunderten der Bürgerkriege erworbenes Mißtrauen gegen die menschliche Natur, auch die eigene Natur. Die Zügelung der menschlichen Wildheit soll durch eine Art Potentialausgleich im psychischen und sozialen Bereich gelingen, wie wenn Pole, zwischen denen eine Spannung entstehen könnte, miteinander verbunden werden. Man baut in sich nicht erst die Energie auf, die zur Ungeduld, zur Ablehnung, gar zu dem Bedürfnis nach einer feindseligen Äußerung oder Handlung führen kann. Und weil nur der Weise ganz spannungsfrei sein kann, verbirgt man eine Spannung nach außen und möglichst auch sich selbst gegenüber.

Nun steht die lebendige menschliche Natur optimistisch betrachtet für Menschenfreundlichkeit, pessimistisch betrachtet für Bosheit und alles, was aus ihr folgt. Beides wird durch den Potentialausgleich reduziert. Die Freundlichkeit wird Höflichkeit. Die Bosheit wird eingedämmt. In Japan gibt es kaum Verbrechen. Wo die Zügelung versagt, können die Folgen allerdings schrecklich sein.

Im Supermarkt trägt eine Angestellte eine Kiste ins Lager. Die Tür öffnet sich automatisch. Sie geht aber nicht hindurch, sondern dreht sich zum Laden um und verbeugt sich, obwohl es niemanden gibt, dem sie konkret Höflichkeit schuldet. Erst jetzt geht sie durch die Tür. Das junge Mädchen, das im Schnellzug Kaffee bringt, kniet sich neben dem Fahrgast hin, um ihn nach seinem Wunsch zu fragen und ihm dann den Kaffee zu geben. Wie sie den Wagen verläßt, dreht sie sich nochmals zu den Fahrgästen um und verbeugt sich. Das alles hat nichts Unterwürfiges, geht offenbar ganz schwerelos und bedarf keines Befehles (denn dergleichen läßt sich schwer befehlen). Es ist Ausdruck des Umgangs der Menschen miteinander.

Zurück ins Ryokan und zu den beiden Frauen, die beide knien und sich verbeugen und miteinander sprechen. Sie zeigen mehr als die Beherrschung eines Rituals. Sie zeigen, daß sie es für den anderen gerne beherrschen und gerne zeigen, und das ist mehr als Höflichkeit.

Man sieht die rätselhafte Wahrheit, daß Regeln frei machen können. Es ist sehr schön, das zu sehen, und man kommt sich als gaijin, als Langnase, grob und hilflos vor.

Im Tempel

Wir fuhren von Osaka aus etwa drei Stunden in eine abgelegene Berggegend, in ein kleines Dorf namens Dorogawa, das Hotels mit heißen Quellen hat. Ein solches Hotel war unser Ziel. Bei einem Spaziergang am Nachmittag der Ankunft entdeckten wir einen großen buddhistischen Tempelbezirk mit etwa 15 Gebäuden in einem Park mit Teichen, Rasenflächen, Statuen und Steinen. Ein Mönch teilte mit, daß am nächsten Morgen um 9.00 Uhr die religiöse Prozedur beginnt. Gemeinsam mit Hitoshi war ich pünktlich dort.

Es war der 6. Januar, also bitterkalt, in flachen Becken war das Wasser gefroren. Rechts und links vor den Stufen, die zum Tempel hinaufführten, standen Metallkörbe, in denen Holzscheite brannten. Dort konnte man sich die Hände wärmen. Es traf sich zu meinem Erstaunen eine reine Männergesellschaft, zunächst etwa 30 Leute, Durchschnittsalter etwa 60 Jahre, wohl alle miteinander aus dem Dorf seit genauso vielen Jahren bekannt. Man plauderte wie in einer Gastwirtschaft miteinander. Seitlich an einem Tisch wurde junge Sake (Reiswein), aufgewärmt in heißem Wasser, verschenkt (wirklich verschenkt, bei der engen Verschränkung zwischen Religion und Geld eine Seltenheit).

Dann kamen die vier Hauptpersonen: ein Priester von ungefähr 36 Jahren mit drei Begleitern, die ich hier der

Einfachheit halber die Ministranten nenne; schätzungsweise 24, 32 und 60 Jahre alt; der Priester in schwarzer Kleidung, die anderen drei in weißen Gewändern, die durch zahlreiche Zutaten geschmückt waren. Der Tempel, etwa so groß wie eine kleine Kirche, hat ein großes Eingangstor, das trotz der Kälte die ganze Zeit offenbleibt. Dann kommt ein Eingangsbereich mit Steinplatten, den man mit Schuhen betreten darf. Hier blieben die meisten Leute. Dann geht es rechts und links einige Stufen hoch auf eine erhöhte Plattform, in deren Mitte hinten an der Stirnwand des Tempels das Bild des Erleuchteten steht. Vor diesem Bild ist eine Feuerstätte, davor ist, ausgestattet mit allerlei Gerätschaften, der Platz, auf dem der Priester kniet. Zwischen ihm und dem Vorraum nehmen, natürlich auch kniend, die drei Ministranten Platz, mit den Rücken direkt an der Balustrade, welche die erhöhte Fläche von dem Eingangsbereich abtrennt. Rechts und links seitlich auf der erhöhten Fläche sind Kissen für die Teilnehmer. Ich werde aufgefordert, gern auch dort Platz zu nehmen, muß aber ablehnen, weil ich nicht eine Stunde lang in strenger Haltung knien kann. Also bleibe ich unten stehen.

Man erfährt bei einer solchen Prozedur viel über die eigene Welt. Es wäre bei uns undenkbar, daß jemand mit einer Zigarette in die Kirche kommt und sie dann in ein großes Steingefäß steckt, in den Sand neben die glühenden, dem Gott geweihten Räucherstäbchen. Es wäre bei uns undenkbar, daß ein Hund hereinkommt und überhaupt nicht beachtet wird; undenkbar, daß zwei Männer miteinander plaudern, während die Zeremonie stattfindet. Mein Eindruck war, daß wir Trennungen machen, die nicht natürlich sind, also im Rahmen anderer Kulturen nicht gemacht werden müssen. Denn ich hatte insgesamt durchaus nicht den Eindruck, daß die Zeremonie hier von den Teilnehmern weniger ernst genommen wird, als dies in einer christlichen Gemeinde geschieht.

Nachdem der Priester und seine Ministranten ihre beschriebenen Plätze eingenommen hatten, bliesen die drei Ministranten auf Blasinstrumenten, die ähnlich wie Trompeten klangen. Sie bliesen so unfaßbar schrecklich falsch und dissonant, wie man es sich nicht vorstellen kann. Der Hund verschwand. Es ist nur klar, daß Männer dieser ruhigen, gesetzten Wesensart das nicht aus mangelndem Können tun, sondern daß das so sein soll. Mir fehlt jeder Vergleich aus unserer Welt hierfür; es wäre unmöglich für einen europäischen Musiker, absichtsvoll so jämmerlich jaulende Töne zu erzeugen.

Sodann schlägt ein Ministrant mit dem Holzstab auf einen großen Metallkessel, der wie ein Gong erklingt. Der Priester spricht rituelle Gebete in so altem Japanisch, daß niemand sie sprachlich nachvollziehen kann; es ist wie in der katholischen Kirche vor dem zweiten Vatikanischen Konzil, als die Messe noch lateinisch gelesen wurde. Der Priester macht psalmodierende Gesänge, der älteste der Ministranten schlägt dazu in genau vorgegebenen Rhythmen auf eine Trommel.

Recht bald entsteht auf der Feuerstelle zwischen dem Priester und dem Bildnis des Erleuchteten starker Qualm, der senkrecht aufsteigt, sich unter der Decke als breite Wolke erstreckt und stark nach verkohlendem Holz riecht. Wo die Hitze hierfür herkommt, weiß ich nicht, ich denke, daß es eine elektrische Hitzequelle gibt, auf der das Holz liegt. Plötzlich entzündet sich das Holz, und es gibt eine etwa 1,50 m hohe helle Flamme; Funken stieben bis zur Decke, und das in einem Gebäude, das nur aus Holz besteht. Der Priester singt dazu, der älteste Ministrant schlägt die Trommel.

Es sind jetzt vielleicht 40 Personen im Tempel, darunter auch drei Frauen. Ich bin der einzige Gaijin, bekomme aber keine Beachtung, auch keine Nichtbeachtung. Die rituellen Gebete werden immer wiederholt, bis der linke Ministrant auf das Metallgefäß schlägt. Dann stimmt der Priester den nächsten Gebetsgesang an.

Im zweiten Teil der Zeremonie spricht die Gemeinde die Gebete mit. Der Takt wird nun durch eine Art Rassel skandiert. Das ist ein schwarzer Holzstab, an dem oben ein kunstvoll geschwungener Drahtbogen ist. In diesem Bogen hängen Eisenringe, die bei der Handhabung der Rassel den Ton ergeben. Viele der Teilnehmer haben solche Rasseln mitgebracht.

Einer der Ministranten trägt weiteres Holz fürs Feuer herbei, nämlich schmale lange Holztäfelchen, auf die Wünsche geschrieben sind. Jemand kommt in den Tempel hinein, stupft mit einem solchen Täfelchen einen Ministranten von hinten an und übergibt ihm das Täfelchen; der Ministrant gibt es dem Priester weiter, der es ebenfalls ins Feuer legt.

Vor dem Bildnis des Erleuchteten lehnen an einem Geländer schmale hölzerne Wunschtafeln, vielleicht einen Meter lang, teils in Papier verpackt, teils mit Papier geschmückt. Ein Ministrant nimmt sie einzeln und zieht sie mehrfach durch die Flamme, die nach und nach unter den Betgesängen und dem Trommeln erlischt.

Als die Gemeindegebete beendet waren, stand rechts ein Mann mittleren Alters auf und hielt eine Ansprache an das nicht mehr sehr aufmerksame Publikum. Es ging, wie ich später von Hitoshi erfuhr, um die Geschäfte dieses Unternehmers. Mir klang es wie die Laienpredigt in einer protestantischen Sekte. Danach stand noch ein zweiter Mann auf und hielt eine noch längere solche Ansprache. Dann gingen alle hinaus in den Sonnenschein, der Priester und zwei Ministranten voraus, die Treppe hinunter, durch den Park in ihr klösterliches Gebäude. Der dritte Ministrant blieb noch und räumte auf. Die Männer standen wieder beieinander, wo sie schon vor der Zeremonie zusammengestanden hatten, und plauderten wie zuvor.

Ich möchte gern klarstellen, daß alle meine Anmerkungen aus der Position des kenntnislosen Beobachters gemacht sind. Meine Kenntnislosigkeit gestattet mir keine eigene Auffassung über diese Ereignisse und gewiß keine kritische Auffassung. Das Religiöse ist eine Welt, die von der einzelnen Religion erstaunlich unabhängig ist. Wo ist der Unterschied, ob man mit buddhistischem Feuer oder mit katholischem Weihwasser heiligt, oder der Unterschied zwischen einer katholischen, einer jüdischen und einer buddhistischen Gebetskette? Ob Moschee oder Basilika oder Tempel oder Synagoge oder Schrein: Gotteshäuser und religiöse Feierlichkeiten haben in je eigentümlicher und doch vergleichbarer Weise Strukturen, die durch die Jahrhunderte mit Sinn und Bedeutung aufgeladen sind; sie sind mit Gegenständen der Verehrung eingerichtet, zwischen denen Vergleiche möglich sind. Sie sind nach meiner Auffassung nicht einer Kritik von außen zugänglich, sondern, wenn überhaupt, nur einer Kritik von innen, die ich nicht üben kann.

Essen

Wie viele Worte ist „Essen“ doppeldeutig. Es bezeichnet das Material und den Vorgang der Nahrungsaufnahme. Vielleicht kann man das japanische Essen am besten durch die Eßtechnik beschreiben, also damit, daß mit Stäbchen gegessen wird.

Das meiste, was man in Deutschland ißt, kann man nicht mit Stäbchen essen; keine Frühstücksbrötchen mit Marmelade; keinen Braten, keine Kartoffeln mit Soße; keine Spaghetti; kein Camembert mit Baguette; keine Bratwurst mit Sauerkraut. Was essen diese Japaner überhaupt?

Man kann übrigens mit Stäbchen mehr machen, als man in Europa denkt, wenn man's kann; Fische zerlegen und Nudelsuppe essen. Für die Nudelsuppe brauchen die Profis die Stäbchen nur für den Anfang und dann höchstens als Leitplanke, um den nicht endenden Nudelstrom, der sich durch Saugen aus der Schale in den Mund erhebt, zu dirigieren.

Natürlich gibt es in Japan Messer und Löffel, auch unsere Eßgabel. Ästhetisch gesehen ist es ein Vorteil, nur Stäbchen zu haben, denn das Essen muß anders sein, anders zubereitet sein, als wenn man dem Gast Schneid-, Spieß- und Schöpfwerkzeuge gibt. Der Gast soll bei Tisch nicht arbeiten.

Ähnlich wie die Teezeremonie nicht dazu dient, Tee zu trinken, sondern eher dazu, sich des Teetrinkens kunstvoll zu enthalten, dient die Mahlzeit nicht einfach der Ernährung. Daß man gemeinsam zu essen beginnt, wenn die Dinge auf dem Tische stehen, und daß man dann ißt, bis man eben fertiggegessen hat, ist hier nicht der Brauch. Ein paar Platten, einige Schüsseln werden auf den Tisch gestellt. Wer will, kann sich nehmen. Es kommen später noch weitere Gerichte. Bei uns wäre der Vorgang so, daß jeder sich den Teller füllt und alle dann essen. Gegenüber der japanischen Art, abzuwarten, eine Kleinigkeit zu essen, wieder etwas zu essen und so weiter, wirkt unser Ritual wie Arbeit. Essen soll aber nicht Arbeit sein.

Überhaupt ist die Ästhetik wichtig. Es kommt ein kugeliges Schüsselchen mit Deckel. Man hebt den Deckel und schaut in eine wunderbare Welt. In dem Gefäß ist eine helle Brühe, in der ein großer, opaker, weißlicher Kreis mit radialen Strukturen schwimmt, wie der Querschnitt einer Qualle. Darauf ein kurzer grüner Stengel, darunter ein viereckiger milchig-gelblicher Block. Der Eindruck ist von großer Ästhetik. Die Gegenstände selbst sind einfach, aber von guter Qualität. Die milchige Scheibe ist nur ganz dünn geschnittener und gekochter Rettich; der Block ist Tofu, der grüne Stengel ist ein regionales Kraut; alles schwimmt in einer Gemüsebrühe.

Gutes japanisches Essen hat Qualitäten, die für Schnitzelfreunde ohne Bedeutung sind; „schmeckt gut" und „macht satt" ist zu wenig. Das Essen kann zum Beispiel beim Kauen ein angenehmes oder merkwürdiges Gefühl oder Geräusch im Mund machen. In Streifen geschnittene Qualle, gekocht und mariniert, knirscht beim Kauen. Eine besondere Muschel, die in dünne Scheiben geschnitten wird, ist beim Kauen erst ganz hart und ändert dann die Konsistenz; sie hat kaum Geschmack, ist aber „besonders".

In anderen ästhetischen Dimensionen ist das japanische Essen zurückhaltend. Es hat zum Beispiel kaum Duft. Das liegt auch daran, daß viele Dinge kalt und roh gegessen werden, zum Beispiel Fisch und Gemüse, und roher Fisch soll überhaupt keinen Geruch haben. Die Geschmacksbezeichnung „lecker" wäre für das feine japanische Essen viel zu indiskret, zu undistanziert.

Keine Küche, die mehr tun will, als nur für die Ernährung zu sorgen, kommt mit dem Kriterium des Wohlgeschmacks aus, denn das Kriterium ist nicht objektivierbar. Man braucht ein Meta-Kriterium, eine Theorie. In Frankreich ist es die Theorie der Denaturierung; die Dinge sollen durch die Zubereitung aus dem Naturzustand in einen Kulturzustand überführt werden. In Deutschland, muß man befürchten, ist es das Starkmachen und Kraftgeben. In der japanischen Küche ist es das Kriterium der Rarität. Ein Fisch, der aus 2000 Metern Tiefe gezogen wird, ist seltener und deshalb besser als ein Fisch, den man vom Boot aus mit der Angel fängt. Die kleinen blassen Fruchtkügelchen an dem Zweiglein, das auf einem Gericht liegt, sind von einer seltenen Pflanze, die nur kurze Zeit im Jahr diese kleinen Früchte hat. Sie schmecken nicht schlecht, sie schmecken nach fast nichts. Übrigens, auch der berühmte Kugelfisch hat kaum Geschmack und wird deshalb mit würzigen Soßen gegessen; aber er ist sehr selten, sehr teuer und vielleicht, vielleicht sogar giftig.

Zu einem Essen der feinen Küche gehört fast kein Reis. Es gibt vielleicht zum Schluß ein Schälchen Reis oder ein kleines Reisgericht mit gebratenem Fisch, nicht mehr als zwei Eßlöffel.

Das japanische Essen will auch den Reiz des Verhüllten, nicht gleich Erkennbaren bieten wie bei einem eingepackten Geschenk oder bei einer verschleierten Frau. Man soll vertrauen, daß es sich lohnt, dem Geheimnis näher zu kommen; man soll nicht schon von Ferne wissen, worum es geht, oder zu wissen meinen. Bei einem großen Essen gibt es deshalb keine Speisekarte. Bei vielen Dingen wissen auch die Japaner nicht gleich, was es ist. Beim Essen kann man es dann wissen oder raten oder im Geheimnis belassen.

Sashimi: das sind nur rohe Fischstücke. Keine Kochkunst? Der Koch wählt die Fische aus, schneidet auf vorgegebene Weise die Stücke zurecht, reibt den Meerrettich kreisend, ordnet das passende Grünzeug dazu, richtet alles auf einer Schale und komponiert insgesamt die Abfolge des Essens, das aus 10 bis 20 Gerichten besteht. Er ist dafür zuständig, daß der Gast jeden Augenblick erfreut, erhöht und bereichert ist, daß er Wohlgeschmack empfindet, daß er dann, nach einer Stunde, weder Hunger noch Sattigkeit empfindet, sondern nur ein angenehmes Gefühl.

In einem solchen Essen wird man nicht mit Messer und Gabel herumarbeiten. Man wird es mit Stäbchen essen; gewählt, bewußt, elegant, eben mit japanischer Zurückhaltung und Ästhetik.

Drei Frauen

Der Bus, der zwei Stunden durch graues, nebliges Bergland fahren soll, ist voll besetzt. An der rechten Reihe der Sitze zum Gang hin sind Notsitze angebracht, die man herunterklappen kann, so daß man noch im Gang Sitzplätze hat, die etwa 20 cm tiefer liegen als die normalen Sitze im Bus. Auf einen solchen Notsitz kommt eine junge Frau. Rechts und links von ihr thronen, wie gesagt gegenüber dem Notsitz leicht erhöht, schon zwei Frauen. Ich sitze eine Reihe dahinter.

Die Fahrt beginnt. Der Bus fährt schaukelnd durch Kurven und Täler, über Brücken und Höhen. Die Scheiben sind bald stark beschlagen; außen ist nur ein einheitliches Grau. Die drei Frauen tun, was die meisten Japaner in öffentlichen Verkehrsmitteln tun – sie schlafen.

Die linke Frau hält sich gerade und hat nur im Schlaf den Kopf gesenkt. Ich kann sehen, daß sie sich die ganze Zeit mit einer Hand an dem Griff festhält, der an der Rücklehne vor ihr ist.

Die mittlere Frau, die auf dem niedrigen Notsitz, ist im Schlaf weit nach vorne gesunken, so weit, daß ihr Kopf fast die niedrige Rückenlehne des Notsitzes vor ihr berührt und sich auf den Rücken des Mannes vor ihr gelegt hätte, wäre der nicht ebenfalls im Schlaf nach vorne gesunken.

Die Aktivistin ist die rechte Frau, auch sie schlafend. Sie kippt nach links, also zum Mittelgang, hält in dieser schrägen Stellung inne, ihr Kopf wippt weiter nach links und dann der Körper auch, 45° werden erreicht und überschritten, die Lage ist beängstigend, längst hätte sie sich auf die Nachbarin im Mittelgang gelegt, wäre die nicht nach vorne gesunken. Ruckartig richtet sich die schlafende Aktivistin wieder senkrecht auf, immer mit im Schlaf baumelndem Kopf, kippt aber bald wieder nach links, schräg, noch schräger, scheint wieder in den Mittelgang auf die Nachbarin zu fallen, hält ruckartig inne und richtet sich wieder auf.

Der Höhepunkt der Spannung tritt ein, wenn die Frau in der Mitte sich einmal aufrichtet. Wenn jetzt die rechte Frau ... nein, jetzt sitzt sie gerade, schwankt nur ein bißchen, kippt aber nicht ab, kippt erst wieder in den Gang, als die Nachbarin sich wieder nach vorne gebeugt hat.

Dieses höchst eigentümliche und kunstvolle Ballett geht eine halbe Stunde. Bin ich der einzige, der es beobachtet? Wieso beobachte ich es nicht länger? Weil ich selbst einschlafe. Wohin bin ich gekippt?

Im Shinto-Heiligtum

Neujahr ist das große japanische Fest. Zu den Feierlichkeiten gehört der Besuch eines Schreins, also eines Shinto-Heiligtums. An diesem Neujahr ist schönes Wetter. Man darf deshalb schätzen, daß ein großer Teil der 125 Millionen Japaner an einem dieser Tage einen Schrein besucht. Davon gibt es auch genug, Kawanishi, die Stadt, in der wir wohnen, mit etwa 120 000 Einwohnern, hat 20 Schreine.

Nicht jeder davon ist so alt, berühmt, groß und schön, wie der, den wir besuchen. Er führt seine Gründung auf den sagenhaften Prinzen Genji zurück, ist also etwa 1000 Jahre alt. Es ist ein mit einer hohen Mauer umgebenes Areal, groß wie zwei Fußballfelder, auf dem größere und kleinere Bauwerke stehen, teils sehr alte, teils neue, alle im alten japanischen Stil aus Holz gebaut mit den schön geschwungenen Dachformen.

Im Vorhof des Schreins ist Volksfeststimmung. Die Menschenmenge schiebt sich an Buden und Ständen vorbei, an denen religiöse und weltliche Güter angeboten werden. Die religiösen Güter sind einerseits Orakel, andererseits Hilfsmittel für Wünsche. Mit den Orakeln geht das zum Beispiel so: Man geht zu einer der Buden, wo junge Mädchen in weißen Kimonos mit rotem Gürtel bedienen. Man läßt sich eine Holztrommel geben, etwa 30 cm lang, die völlig geschlossen ist mit Ausnahme eines kleinen Loches an einer der Stirnseiten. Wenn man die Trommel schüttelt, rasseln die vielen Holzstäbe, die darin sind, und man kann einen, zufällig genau diesen Holzstab durch das Loch herausschütteln wie einen Zahnstocher. Auf dem Holzstab steht eine Nummer, und nach der Nummer sucht das Mädchen nun den Orakelspruch aus einem Kasten.

Die Orakelzettel haben abgestufte Glücksqualität: Es beginnt mit dem größten Glück, dann kommt das mittlere Glück, das kleine Glück und einfach Glück, sodann das kleine Unglück und das mittlere Unglück; ein großes Unglück hat bislang noch niemand gefischt.

Man knüpft diese langen, schmalen Papierstreifen nach der Lektüre an Baumzweige und, weil die Bäume nicht ausreichen, an dafür aufgespannte Schnüre. An den Bäumen sehen die Zettel sehr hübsch aus, wie verfrühte Blüten.

Außerdem kann man Holztäfelchen kaufen, auf die man mit Tusche in den schönen japanischen Schriften seine Wünsche schreibt, Wünsche, die sich mehrheitlich mit ganz profanen Dingen beschäftigen, nämlich mit Prüfungen, Geld und Karriere. Am besten übergibt man die Täfelchen dann den Priestern, die sie gegen Gebühr übernehmen.

Zum Schrein, dem heiligen Gebäude, geht es etwa fünf oder sechs Stufen hinauf. Man kann sich dort – ebenfalls gegen Gebühr – durch die Priester empfangen lassen. Dann wird man allein oder in einer kleinen familiären Gruppe in das Innere des Gebäudes geleitet. Von außen sieht man im Dunkel des Innenraumes die weißen Gewänder der Priester, und man hört die Trommelschläge, erst langsam, dann schneller werdend, dann zum Schluß wieder langsame einzelne Schläge und das psalmodierende Sprechen der Priester. Dann ist die Audienz zu Ende.

Die religiöse Zeremonie, die jeder durchführt, besteht darin, daß man vor den Schrein tritt und ein Geldstück in eine große Kiste wirft, dann die Hände wie zum katholischen Gebet zusammenlegt, die Stirn darüber senkt und betend innerlich seinen Wunsch ausspricht. Dann patscht man zweimal mit den Händen, verbeugt sich und geht wieder.

Auf dem Gelände gibt es viele Schreine, die unterschiedliche Aufgaben haben. Ein Schrein, vor dem die Statue eines Fuchses steht, ist für die Kaufleute. Man darf ganz ungeniert um Geld beten.

Nun zurück in den Vorhof des Schreins. Hier gibt es weltliche Güter, alles, was auf Jahrmärkten üblich ist, süße Naschereien, also verzuckertes Obst, Zuckerwatte, Bananen in Schokolade, außerdem salziges Essen, wie es an solchen Ständen dargeboten werden kann, gegrillten Tintenfisch, fritiertes Gemüse, Reisbällchen, heiße Maronen, gebratene Nudeln, japanische Pizza und vieles mehr.

Für Kinder gibt es Glücksspiele und Gewinnspiele, also Schießbuden oder Wasserrinnen, aus denen man Plastikfische mit einem Haken fischen soll. Alles ist altmodischer, einfacher als bei uns, nicht so grell, teuer und aufgedreht.

Alle Welt erwirbt noch ein Gut, das zwischen den religiösen und den weltlichen Gütern liegt, nämlich Sake. Die Verbindung zwischen religiöser Übung und Rausch ist hier noch sichtbar. Sake ist eigentlich ein recht starker Reiswein. Hier gibt es ganz jungen Sake, wir dürfen uns an unseren ganz neuen Wein im Herbst erinnern, denn auch der junge Sake ist trüb und sehr süß und hat fast keinen Alkohol (vielleicht 1 %), so daß man ihn auch den Kindern gibt.

Chisako hat übrigens einen Orakelspruch gekauft. Es war ein Zettel mit kleinem Glück, und alles, was darauf stand, war ganz richtig. In Bezug auf die Beziehung stand, man müsse sich Mühe geben. In Bezug auf die Gesundheit stand, daß man den Grund des Leidens erforschen müsse. In Bezug auf die allgemeinen Ziele stand, daß man sie nochmals genau prüfen müsse, um keine falschen Ziele zu verfolgen. Da muß jedes kritische Gerede verstummen.

Pachinko

Wenn du in eine der vielen Spielhallen gehst, die hier Pachinko heißen, ist deine Lage einfach. Dein Arbeitsplatz ist etwa 60 cm breit, am besten setzt du dich auf den kleinen Hocker davor. Du schiebst rechts oben in einen Schlitz einen Tausend-Yen-Schein, das sind etwa acht Euro, erhälst eine kleine Pappkarte, die du rechts unten in den Spielautomaten einsteckst, und dann bekommt der Automat Leben. Dann rasseln zahllose kleine Metallkugeln, vielleicht hundert, in einen Auffangbehälter, und wenn du an einem Rad drehst, werden sie hochgeschnippt, ähnlich wie bei einem alten Flipper-Gerät, nur daß das Spielfeld beim Pachinko senkrecht steht und die Kugeln viel kleiner sind, etwa 8 mm im Durchmesser. Die Kugel fällt oben auf kleine waagerecht stehende Nägel, springt von ihnen ab auf andere Nägel, fällt vielleicht in ein Sonderkästchen oder auf eine Ablage, von der sie vielleicht in das entscheidende Gewinnkästchen rollt und unten zusammen mit gewonnenen Kugeln aus der Maschine herausrollt; Sieg!

Man spielt aber nicht, wie beim Flipper, Kugel für Kugel, sondern die Sache ist äußerst lebhaft. Dauernd flitzen Kugeln hoch, springen über die Nägel – und die meisten fallen unten ins Aus und sind aus dem Spiel. Die wenigen, die unten aus der Maschine rollen, kannst du verspielen oder in Yen zurücktauschen.

Auf den ersten Blick kann man nicht viel machen. Es gibt ein Drehrad, an dem man relativ grob die Geschwindigkeit einstellen kann, mit der die Kugeln nach oben geschossen werden. Viel zu erreichen ist damit nicht, denn die Zufallshaltigkeit dieser Maschine ist bei weitem größer als die Einstellmöglichkeit durch das Handrad; die Kugeln werden ja nicht in ein Ziel geschossen, sondern springen über mindestens zwanzig Nägel das Spielfeld hinunter, und bei jedem Nagel bestimmt ein winziger Bruchteil eines Millimeters den weiteren Weg der Kugel.

Deine Arbeitsbedingungen sind schlecht; jede Arbeitsbehörde der Welt gäbe dir recht, daß sie unzumutbar sind. Eine Pachinko-Spielhalle ist groß wie ein Supermarkt und hat in engen Gängen Hunderte von solchen Automaten, und wenn auch nur die Hälfte besetzt ist, herrscht ein Höllenlärm, ein gigantisches metallisches Rauschen, zu welchem sich das Klappern und Klicken dieser zahllosen Kugeln verbindet, die jederzeit in Bewegung sind.

Das ist nicht der einzige Lärm. Zusätzlich gibt es spezielle Musik, elektronische Musik, die mir ziemlich wirr, inhaltslos klingt, hart und mit vorwärtstreibendem Tempo; die künstlerische Fassung davon ist vielleicht die „Musik für 18 Musiker" von Steve Reich, die ja auch extreme Großstadtnervosität hat.

Außerdem wird viel geraucht. Der Raum ist eng, der Gang zwischen den Spielern ist schmal, der Hocker ist unbequem. Und man kann fast nichts machen mit dem einen Drehrad; man kann eigentlich nur zusehen, wie 1000 Yen in etwa acht Minuten verschwinden.

Da gibt es aber Spieler, bei denen läuft die Sache anders. Sie haben neben sich kleine Wannen stehen mit vielleicht fünf Liter Fassungsvermögen, voll mit Kugeln. Manche Spieler haben sechs oder acht solche Wannen auf einem kleinen Rollwägelchen. Alles gewonnen! Kann an der Kasse in bares Geld zurückgetauscht werden!

Wie das geht, daß man bei so schlechten Konditionen gewinnt, weiß ich nicht. Es kursieren Behauptungen, die ich für magisch halte: Einige Apparate seien besser als andere. Das liege an dem obersten Nagel, an dem die Kugel meistens abspringt. Wenn der Pachinko-Besitzer herausbekommt, daß ein Gerät besonders viel Gewinn ausgibt, dann verstellt er nachts den Nagel. Angesichts der unkalkulierbaren Vielfalt der Möglichkeiten, die die Kugel noch auf ihren weiteren Stationen nimmt, ist das eine Legende.

Aber es soll Arbeitslose geben, die das Spiel gut beherrschen; sie können 3000 Euro im Monat verdienen mit Pachinko-Spielen. Was für ein schlechtes Geschäft, verglichen mit den zahllosen Stunden, die sie dafür an diesem schrecklichen Ort unter diesen schrecklichen Bedingungen verbringen müssen!

Pachinko ist Volkssport. Hier trifft sich alles: der Schüler, die mittelalterliche Hausfrau, der Salariman (also der bessere Angestellte) im dunklen Anzug direkt aus dem Büro und alles sonst, was diese Gesellschaft zu bieten hat.

Man sitzt also in unbequemer Haltung in diesem Höllenlärm und verliert sein Geld. Das ist jedenfalls die Situation der meisten Spieler. Warum machen sie das? Vielleicht ist es eine Art Rettung durch Übersteigerung. Das japanische Leben, das an einem hohen Maß von Tempo, Sprunghaftigkeit, Zwang, Lärm und Nervosität leidet und von den Insassen dieser Gesellschaft ein gleich hohes Maß von Erdulden dieser Belastungen abverlangt, wird hier übersteigert. Wer aus dem Pachinko kommt, findet die Großstadt entspannter und neutraler. Er ist die einzige faule Stelle, die einzige Unordentlichkeit in diesem nüchternen, gut organisierten Betrieb, weil er sich wieder hinreißen ließ, Geld und Zeit in den Maschinensaal zu investieren, anstatt den geregelten Frieden der S-Bahn-Station zu genießen, die er nun betritt, um endlich nach Hause zu fahren.

Beim Fischmann

Dieser Fischmann hat keinen Laden, er kommt zu den Leuten, hält also einmal die Woche an einer seit langem bestimmten Stelle in diesem Wohnviertel. Außerdem ist er nicht nur Fischmann, sondern auch Gemüsemann. Er hat einen kleinen weißen Lastwagen mit offener Pritsche. Die Plane über der Ladefläche kann er seitlich mit Bambusstöcken ausstellen. Sein Verkaufsstand ist aber viel größer, denn er nimmt weiträumig den Bürgersteig in Beschlag. Sein Gemüse transportiert er in Pappkartons, die früher anderen Zwecken dienten und nun auf dem Bürgersteig ausgestellt sind. Die Kunden können die Kartons als Einkaufstüte mitnehmen. Ich sehe eine Frau, die ihre Einkäufe – zwei dieser riesigen weißen Rettiche, die es hier überall gibt, einen ganz langen dünnen Lauch und noch einiges – in einem Staubsaugerkarton davonträgt.

Auf der Lastwagenfläche stehen Styropor-Boxen, in denen auf Eis der Fisch liegt. Der Fischmann kommt seit vielen Jahren und ist berühmt für ganz frischen Fisch.

Um den Wagen sammeln sich die Hausfrauen. Niemand ist eilig, das wäre auch ganz falsch, denn obwohl der Fischmann immer in rascher Bewegung ist und pausenlos rasch redet, braucht alles viel Zeit. Als Kunde sucht man sich einen passenden Karton und sammelt darin das Gemüse, das man haben möchte. Außerdem gibt es die üblichen japanischen Packungen mit Fabriknahrung zu kaufen; Süßigkeiten oder gerollte Eierspeisen, eingeschweißte Fischsachen – darüber, wie sie für Monate ungekühlt haltbar gemacht werden, wollen wir lieber nicht nachdenken.

Der Fischmann ist grob in seiner Redeweise. Wie er dauernd redet, brummig und unsüß, ist ohne Sprachverständnis klar, daß er nicht unfreundlich ist. Er macht nicht die üblichen japanischen Höflichkeitsgesten, dieses vielfache lächelnde Verbeugen, das uns Langnasen so ratlos macht. Seine Handbewegungen passen zu dem unpolierten Gerede, sie sind zupackend, das Überflüssige vermeidend „da, hier ist dein Zeug!" Es ist, wie wenn dies das ältere ländliche Verhaltensmodell ist gegenüber den höfischen Verbeugungen.

Wir wollen Fisch kaufen. Wir beugen uns unter den Erklärungen des Fischmannes über die Waren und wählen aus. Seitlich hat er eine runde Tonne stehen, niedrig wie ein Papierkorb, aber breiter. Dort ist Wasser drin, das wohl den Verkaufstag über halten muß. Außerdem gibt es ein großes Schneidbrett aus weißem Plastik, zwei Messer und einen Lappen. Der Lappen wird im Wasser ausgespült und reinigt dann das Brett, außerdem werden die Messer darauf abgewischt. Das Schneidbrett kommt auf die niedrige Tonne zu liegen. Das ist wackelig, aber wohl seit langer Zeit bewährt.

Es gibt ein großes japanisches Kochmesser und ein sehr schmales, um Fischfilets von der Haut zu lösen. Mit diesen Werkzeugen wird in schnellen Bewegungen der Fisch gerichtet: also Kopf ab, Flossen ab, längs halbiert, Gräten raus, weiche Teile weggeschnitten, Rest zu großen Stücken pariert. Die Stücke kommen, alles mit raschen Handbewegungen, unelegant wie die eines Maurers, in durchsichtige Plastikschalen mit Deckel, die mit einem Tacker zugemacht werden, auch wenn Teile des Fisches noch heraushängen; Schluß jetzt mit der Prozedur, andere Kunden und Fische wollen auch noch drankommen.

Dann beginnt das Interessanteste, nämlich die Abrechnung. Alles kommt auf eine alte blecherne Küchenwaage, die auf dem Gehweg steht, und dann zurück in den Karton, in dem man seine Waren gesammelt hat. Der Fischmann hat neben der Waage eine Holzkiste, etwa so groß wie ein Schuhkarton, darin ist das Geld, und darüber liegt quer ein großer Abakus. Mit diesem Abakus wird mit unglaublich flinken Fingerbewegungen gerechnet. Ich habe mich gewundert, daß die Hausfrauen sich darauf einlassen, bis ich erfuhr, daß man in der Schule noch heute das Rechnen mit dem Abakus lernt und deshalb nachvollziehen kann, was der Fischmann da tut. Es gibt keine Preisliste, aber der Fischmann hat die Belege, mit denen er die Sachen eingekauft hat, zu einem Block zusammengetackert. Er holt diesen Block aus der Holzkiste, blättert darin, spricht die ganze Zeit zu sich und zur Kundschaft und gibt dann die Beträge über den Abakus in die Rechnung ein. Die Kunden sind damit ganz zufrieden.

Das ganze Geschehen ist so einfach, daß es eher in ein Entwicklungsland paßt als in das Land, das die größten Öltanker und die kleinsten CD-Spieler baut. Man hält die alltäglichen Dinge so einfach wie möglich. Es gibt nicht unsere pausenlose Verbesserungs- und Fortschrittsidee, jedenfalls nicht im Alltag. Mit dem Vorhandenen zurechtzukommen, ist ja auch interessanter. *Entwicklungsfremdheit ist die Tiefe des Weisen …*

Im Amt

Wir müssen aufs Amt in Kawanishi, damit Chisako ihre Eintragung im Melderegister ändern lassen kann. Kawanishi ist eine Wohnstadt von etwa 120 000 Einwohnern direkt neben Osaka. Das Bürgermeisteramt ist ein achtstöckiges Bürogebäude. Im Erdgeschoß ist eine offene Halle mit den Zugängen zu den Fahrstühlen, ein bißchen Stadtausstellung und ein Großraumbüro mit tischhohen Tresen zum Publikum. Es sind vielleicht 30 Leute, die dort arbeiten. Sie haben keine Uniformen; manche jungen Mädchen allerdings tragen über der Kleidung eine Art Kittelschürze in hellblau.

Japan als das Preußen des Ostens? Gewiß nicht. Es sieht hier eher aus wie in der Provence. Die Möbel sind alt und uneinheitlich. Alles ist vollgestellt, überall Stapel von Akten und Unterlagen ohne erkennbare Ordnung, an alle Schreibtische noch ein Regalchen oder Schränkchen drangestellt, auf allen Schränken Pappkartons, die, wenn ich mich nicht täusche, dort schon sehr lange und noch sehr lange stehen.

Eingangs erfährt man, zu welchem Platz man gehen muß. Wir gehen zum Platz 6. Es kommt eine junge Frau, sehr freundlich wie alle hier. Chisako wartet, bis ihr bedeutet wird, daß sie sich bitte setzen möge, und erklärt, worum es geht: Sie hat geheiratet und will das beim Standesamt anmelden. Wir haben eine internationale Urkunde des Karlsruher Standesamtes dabei, erstellt nach einer Konvention der UNO. Chisako hat sie abgemalt und ins Japanische übersetzt. Aber das hilft noch nicht ausreichend. Unsere Helferin kommt mit einem Formular, etwa doppelt so groß wie unser übliches Schreibpapier. Dort werden zahllose Dinge abgefragt. Alles, auch mein Name, muß in einer der japanischen Schriften eingetragen werden; gemeinsame Erwägungen der beiden, ob an dieses Schriftzeichen noch ein Häkchen gehört oder nicht.

Ich gehe ein bißchen herum. Man arbeitet und nimmt nicht weiter Notiz von mir. Ich gehe zurück und stehe hinter Chisako. Unsere Beamtin sucht hinten im Büro etwas. Die Frau, die neben ihr arbeitet, trippelt plötzlich los, ohne mich anzuschauen. Überhaupt laufen die Beamten in einem behenden Trippelschritt, um, wie in alten Zeiten bei Hofe, Diensteifer und Beeilung anzuzeigen. Sie trippelt also hinter dem Tresen vor, an mir vorbei und holt einen Stuhl herbei, bis ich mit einer Auswahl meiner hundert, vornehmlich auf Essen und Trinken bezogenen japanischen Wörter bedeute, daß ich nicht sitzen möchte. Sie gibt mit Verbeugungen und Lächeln auf. Das heißt aber noch nicht, daß ich stehenbleiben kann. Als unsere Beamtin zurückkommt, läuft sie auch gleich herbei, um einen Stuhl zu bringen. Ich setze mich, um den Gang der Amtsgeschäfte nicht noch weiter zu verzögern.

Unsere Beamtin kommt übrigens mit einem Buch zurück, dick wie ein Lexikon. Es gehört zu einer großen Sammlung solcher Bücher und ist ein gedrucktes Personenstandsverzeichnis. Das ist nötig, denn elektronische Datenverarbeitung gibt es hier nicht.

Neben uns ist noch ein Schalter für Familienangelegenheiten. Es kommt eine etwa 30-Jährige, frisch, elegant aufgetakelt, die ein Scheidungsformular haben möchte. Sie hat offenbar schon den Nächsten gefunden. Danach kommt ein junger Mann. Er äußert seine Bitte, die Beamtin lächelt ihn an, gibt ihm das riesige Formular, lächelt weiter, man verabschiedet sich. Chisako erklärt mir: Bei ihm ist jemand gestorben, das war das Formular für Todesfälle. Hier gibt es Lächeln, keine gespielte Bestürzung.

Das Klima ist angenehm, wie wenn Fremde miteinander familiär sein wollen, ohne sich zu nahe zu treten. Die Erledigung ist sehr umständlich; das Ausfüllen des Formulars braucht eine Stunde. Aber die beiden Anmerkungen stehen nicht in Widerspruch zueinander.

In der Kneipe

Wenn wir daran denken, japanisch essen zu gehen, denken wir an edles Interieur, gedämpftes Licht und leise Geräusche, an elegant geformte Sushi auf Lackbrettchen in sparsamer Ästhetik, auffällig kleine Portionen zu auffällig großen Preisen. Solche Restaurants gibt es natürlich auch in Japan; typisch im Sinne von häufig sind sie aber nicht.

Typisch ist ein buntes Kneipenleben. Wenn Sie unter den Stoffbahnen, die über jedem Restauranteingang hängen, durchgegangen sind und in den Raum kommen, werden Sie verblüfft sein, denn die ganze Brigade begrüßt Sie herzlich und laut schreiend mit „Shemase!", jedenfalls klingt es so. Korrekt heißt es „Irashaimase", „Willkommen". Freuen Sie sich, man meint Sie; allerdings begrüßt man jeden Gast in dieser Weise. Der Kellner, der Sie zuerst sieht, beginnt mit diesem Rufen, alle anderen Kellner, egal wo sie gerade sind, rufen sofort auch, und noch aus der Küche hört man das Begrüßungsgeschrei wie Echo.

Die erste Schwierigkeit ist es, nicht einen Platz auf der Matte zu bekommen, sondern einen Stuhl. Denn mit untergeschlagenen Beinen längere Zeit zu sitzen, ist für Europäer schwer. Die nächste Schwierigkeit ist es, den Mantel unterzubringen, denn es gibt keine Garderobe. Man muß sich behelfen. Vielleicht gibt es einen Bastkorb, in den man den Mantel legt und der dann unter den Stuhl geschoben wird.

Und sofort beginnt das Vergnügen. Der Kellner kommt und bringt kleine Schälchen mit Eßbarem, natürlich eßbar nach Landessitte. Mögen Sie Qualle, roh? Oder streichholzlange getrocknete Fische? Solche Kleinigkeiten gelten als Wohltat für den Gast, übrigens auch als Wohltat für das Lokal, denn der Gast hat das auch unbestellt zu bezahlen.

Beim Genuß dieser Dinge bestellt man zu trinken. Feiglinge und Vernünftige bestellen Bier. Mutige bestellen Sake. Sehr Mutige bestellen Wein; sogar in kleinen Kneipen gibt es häufig einige Weinsorten. Sake kann man kalt oder warm trinken, Sake gibt es eher trocken oder eher fruchtig-lieblich, Sake kann aus großen Brauereien kommen oder aus kleinen, seit Generationen in der Familie geführten Betrieben. Süß und warm ist Sake besonders wirksam.

Nun kommt Ihr Kellner und bringt die Speisekarte, die meistens riesig ist, geordnet nach den Abteilungen kalte und warme Kleinigkeiten, Vorgerichte, Fisch, Fleisch, Salat, Eintopf und Reis. Wenn Sie viel Glück haben, gibt es eine Speisekarte mit englischer Übersetzung – sagen wir besser, mit einem englischen Übersetzungsversuch. Wenn Sie noch mehr Glück haben, gibt es eine Speisekarte mit Bildern. Die Sachen sind hier nicht teuer; man bestellt viele Sachen, stellt alles auf dem Tisch zusammen, und wenn ein Schüsselchen leer ist, kann man wieder etwas Neues bestellen.

Auch unter den Kneipen gibt es Spezialisten. Wollen Sie Nudelsuppe essen? Dann gehen Sie in eine der vielen Nudelsuppen-Stuben. Oder sollen es Yakitori sein, kleine Fleischspieße, die über Holzkohlefeuer gegrillt werden? Der lange Tresen der Yakitori-Lokale, an dem die Gäste sitzen, hat ein beheiztes Blech, auf das die frisch gegrillten Spieße gelegt werden. Oder mögen Sie Okonomiyaki, japanische Pizza? Ein Teig aus Mehl, Klebkartoffeln, Kohl, Gemüse und

Wasser wird in einer Schüssel verrührt und mit Fleisch, Fisch, Garnelen oder Tintenfisch ausgestattet. Der Brei kommt auf eine heiße Metallplatte und wird wie ein dicker Kartoffelpuffer gebraten.

Inzwischen sind immer wieder Gäste hereingekommen und werden laut mit „Irashaimase!" begrüßt, und wenn Gäste weggehen, wird genauso laut und ebenfalls mit Echo bis aus der Küche gerufen: „Arrigato gosaimashta!", „Dankeschön!" Es herrscht eine Lebhaftigkeit, die wir mit unserer Vorstellung eines japanischen Lokals überhaupt nicht übereinbringen können; der Lärm ist groß, die Eßmanieren sind deftig, es ist lebendig wie in einer römischen Trattoria.

Denn in der Kneipe ist der Tonfall nicht höflich-höfisch. Hier wird eine andere Tradition gepflegt, freundlich, direkt, aber natürlich unter Wahrung der Regeln. Es ist beispielsweise klar, daß sich der Kellner oder die Kellnerin am Tisch hinknien, nicht zur tiefen Ehrerbietung, sondern nur, um mit dem Kopf nicht oberhalb des Gastes zu sein. Das ist eine angenehme Höflichkeitsgeste, während die rituellen Vielfach-Verbeugungen in großen Hotels und Kaufhäusern mir nicht immer angenehm waren. Das Publikum ist völlig gemischt. Auch Gruppen von Frauen kommen hierher, außerdem ganze Abteilungen aus Betrieben, zehn bis zwanzig Personen. Beobachtet man sie eine Weile, so sieht man die Hierarchie und den entsprechend ritualisierten Umgang, den sie miteinander haben.

Gekocht wird in winzigen Küchen, die zum Gastraum offen sind, und am Tresen. Das Kochen zeigt auch hier in der Kneipe die Nähe zum Kunsthandwerk. Ein Jungkoch steht an der Theke und muß aus einer langen, dicken Rettichwalze mit einem großen Kochmesser freihändig einen weißen, etwa 1 mm dicken Rettichlappen herstellen, wie man

Furnier von einem Holzstamm abhobelt; die Gäste schauen kritisch zu. Wenn der Chefkoch Sushi richtet, tut er dies mit Hand- und Körperbewegungen der erlesensten Art, wie wenn ein Kaffeehausgeiger seine Kadenz zelebriert.

Wir waren zweimal im Abstand von einigen Tagen in derselben Kneipe und damit freundlich unter die Stammgäste aufgenommen. Ganz zum Schluß habe ich Sake bestellt. Unser Kellnerfreund bringt ein kleines Holzkistchen mit quadratischem Grundriß, etwa 6 x 6 cm und etwa 4 cm hoch. Dorthinein wird ein schmales Glas gestellt, und dann beginnt der Kellner zu gießen, er gießt und gießt, das Glas ist fast voll, er gießt weiter, das Glas ist ganz voll, er gießt weiter, das Glas läuft über in das Holzkästchen, und erst wenn das Holzkästchen überzulaufen beginnt, hört er auf. „Kampai!“, also „Prost!“ Das Glas anheben geht nicht, die Flüssigkeit bildet einen Hut, also ’runter mit dem Kopf und geschlürft. Das ist ein Geräusch, das sowieso einen großen Teil der lauten Geräuschkulisse in einer japanischen Kneipe bildet. Als das Glas leer war, trank ich das Kästchen aus. Als das Kästchen leer war, nahm es unser Freund, wusch und trocknete es und überreichte es mir als Geschenk zur Verewigung unserer Freundschaft.

Hand-Denwa

Die magischen oder religiösen Gegenstände haben oft eine materielle Aura, einen Umkreis von nicht so heiligen, aber immerhin doch heiligen Gegenständen; Anhängsel an der Friedenspfeife; Hilfspersonen des Priesters; Nebenhallen oder Kapellen neben dem Kirchenraum. Darf man vielleicht auch umgekehrt schließen, daß, was durch schmückendes Zubehör umkreist ist, heilig ist?

Denwa heißt Telefon. Jeder, der unter 40 ist, und auch fast jeder, der älter ist, hat hier ein mobiles Denwa, also das, was die des Englischen Halbmächtigen bei uns „Handy" nennen. Käme ein Völkerkundler aus den 20er Jahren, der sich noch kein solches Telefon vorstellen kann, hierher und sähe dies, er hätte keinen Zweifel: Der Gegenstand, den alle bei sich haben und mit innigem Gesichtsausdruck oft seitlich an das Gesicht halten, geschmückt wie eine Friedenspfeife mit halb-heiligen Gegenständen, Teddybärchen, Dingen wie Schlüsselanhängern, aber etwas hübscher, ist ein magischer Gegenstand. Außerdem ist er oft eingepackt in eine Art Schlafdecke mit weicher Halteschlaufe. Er hat es gut.

Und mit ihm läßt sich gut leben. Neben mir im Bus sitzt ein Girl, vielleicht 16 Jahre alt. Sie benutzt das Gerät während der ganzen Fahrt von etwa einer halben Stunde mit kurzen Unterbrechungen. Die kurzen Unterbrechungen dienen der Einnahme von Schokokügelchen aus einer Plastikpackung; Gegenstände, die es, wie die von McDonald oder von Microsoft, in der ganzen fortschrittlichen Welt genormt gibt.

Das Girl also, wenn sie nicht gerade ißt, arbeitet mit äußerster Behendigkeit, Konzentration und Geübtheit auf der Tastatur. Hätte sie das Übungspensum, das sie bis zu dieser Fertigkeit brauchte, einem Musikinstrument oder der Verrichtung fraulicher Hausarbeiten, wie zum Beispiel dem Häkeln, gewidmet, sie wäre zu beachtlichen Ergebnissen gekommen.

In Zügen und Bussen darf nicht telefoniert werden. Man hält sich daran. Es geht also um SMS. Jeder schickt jedem etwas. In dem Rattern und Schaukeln des Transports, in dieser überfüllten Anonymität hat das Mädchen einen Draht nach außen, zu ihrer Welt, eine Verbindung zu Menschen, genauer gesagt zu deren Geräten. Die Welt, in der sie gerade ist, die Menschen, die sie umgeben, werden wie irreal ausgeblendet. Ihr Blick geht auf das Hand-Denwa oder in eine imaginäre Weite. Real ist für sie die Kommunikation, das Empfangen und Absenden kurzer Botschaften.

Sie gibt etwas ein mit rasender Geschwindigkeit. Das ist keine triviale Aufgabe, denn sie benutzt nur den Daumen der rechten Hand, und es stehen vier Schriften zur Verfügung. Das lateinische Alphabet hat 24 Zeichen, Katakana und Hiragana haben jeweils etwa 50 Zeichen, Kanji (die alte chinesische Silbenschrift) hat Tausende Zeichen, moderne Japaner kennen und benutzen Hunderte. Aber Hunderte von Zeichen auswählbar zu machen mit einer so kleinen Tastatur auf einem so kleinen Display, ist ein Kunststück. Man muß wissen, daß die Funktelefone hier aufklappbar sind, so daß dann auf dem unteren Teil die Tastatur ist und auf dem oberen Teil ein Bildschirm, 3 x 6 cm.

Jetzt also etwas schreiben. Dann – klapp – Telefon zu, in die Handtasche gelegt, einen Augenblick überlegend geradeaus geschaut, zur Schokotüte gegriffen, ein paar Schokokugeln gegessen, einen Augenblick nichts getan, dann das Gerät wieder aufgeklappt: Schon eine Antwort da? Noch nicht, aber man hat noch einige SMS zu beantworten. Wieder rast der Daumen über das Spielfeld. Absenden; Gerät zuklappen und in die Tasche; innehalten; Schokokügelchen; Pause; Gerät aus der Tasche holen und aufklappen, nachschauen.

Ich denke an den Mann auf der einsamen Insel, den Gestrandeten; er hat ein Morsegerät, auf dem er nur die Zeichen „kurz" und „lang", geordnet zu Buchstaben, diese geordnet zu Worten, diese geordnet zu kurzen Sätzen, senden und empfangen kann. Ist Leben dort draußen, erreichbares, im Umkreis meines Funkgerätes liegendes Leben? Hört ihr mich? Ihr antwortet! Ich funke, also bin ich. Ich empfange Funksprüche, also bin ich. Das Grundgefühl ist ein Ausgesetztsein, eine Armseligkeit. Daß das so armselig ist, ist nur verdeckt durch die Neuheit, durch das Tempo und die technische Brillanz – und durch die Unfähigkeit, die Not zu empfinden.

Die nachträgliche Hochzeit

Die Idee war schön: Wir heiraten hier in Karlsruhe ohne Chisakos Eltern, fahren aber dann gleich nach Japan und machen dort eine nachträgliche Hochzeitsfeier. Die Ausführung dieser Idee wurde so:

Schon bei den Vorbereitungen gab es Unfrieden. Chisakos Vater Hitoshi ist der älteste von drei Brüdern; die Hochzeit seiner Tochter mußte also mit Familie und auf dem richtigen Niveau gefeiert werden. Also wurden Verabredungen getroffen, wieder geändert, nochmals geändert und so weiter, bis endlich feststand, daß man sich am 21. September zur Mittagszeit um halb eins in einem japanischen Lokal in der Nähe von Chisakos Eltern treffen wollte.

Die Unfreundlichkeiten begannen damit, daß Hitoshi diese letzte Information nicht zuerst dem zweitältesten Bruder Hisanori, sondern dem jüngsten Bruder Yuso übermittelte. Als er Hisanori einen Tag später anrief, war dessen Frau am Apparat, teilte mit, der Bruder sei verschnupft, weil er nicht vor Yuso unterrichtet worden sei, und wolle nicht ans Telefon kommen. Er fühle sich nicht hinreichend wichtig behandelt und habe keine Lust, auf das Hochzeitsfest zu kommen. Daraufhin Hitoshi, auf japanisch, ungefähr so: „Auch gut." Es ist ein gutes Gefühl, der älteste der Brüder zu sein in Japan; aber auch andere Brüder haben Gefühle.

In den Tagen vor der Feier gab es Räumarbeiten im Hause, Putzarbeiten, Weineinkauf, Essensvorbereitungen und viele solche Dinge. Es war ein Vibrieren wie vor einer Schlacht oder einem anderen äußerst wichtigen Ereignis.

Das nächste, woran ich mich in Bezug auf diese Feier erinnere, ist der Anblick Hitoshis, als Chisako und ich am Vorabend spät aus der Stadt heimkamen. Er kniete vor einem niedrigen Bügelbrett, bügelte Bettwäsche und hatte finstere Laune. Daß er bügeln muß und die da in der Stadt herumziehen ..., war auf seinem Gesicht zu lesen und vermutlich auch seinen japanischen Worten zu entnehmen.

Hier muß man zwei Erläuterungen einschieben: Die erste betrifft die Bettwäsche. Es gehört zur japanischen Gastlichkeit, daß der Gast aufs Beste behandelt wird. Zu den Indikatoren dieser Behandlung gehört der Zustand der Bettwäsche: sie muß blütenweiß sein, perfekt gebügelt und gestärkt, so daß es ein wenig knistert, wenn man sich in dieses Lager begibt. Da zeigt sich die wahre Wertschätzung durch die Hausfrau des Gastgebers. Hisanori und Yuso, die zwei Brüder, sollten im Hause übernachten, mit den beiden Ehefrauen und Yusos Tochter.

Die zweite Bemerkung betrifft eine typisch japanisch-europäische Verwerfung. Chisako und ich hatten nämlich mit Reiko (Chisakos Mutter) den ganzen Vormittag Einkäufe und Vorbereitungen gemacht, obwohl wir nach Osaka fahren wollten auf einen Flohmarkt, der nur an diesem Tag stattfand. Als es endlich früher Nachmittag war, sagte Reiko, wir sollten nun unbedingt gehen, sie werde alleine fertig, sonst würden wir unseren Flohmarkt ganz verpassen, und außerdem sollten wir noch eine Besorgung machen für den morgigen Tag. Also fuhren wir mit halbgutem Gewissen (eine europäische Handlungsweise), obwohl noch viel zu tun war (japanische Denkweise). Wir haben den Flohmarkt verpaßt, sind ein wenig durch Osaka gezogen, haben die Besorgungen gemacht (nämlich die noch zu erwähnenden Bonbonnièren gekauft), dann abends irgendwo gegessen und kamen deshalb erst spät heim. Chisako ist natürlich (natürlich europäisch) der Auffassung, für dieses Fest, das sie sich nicht gewünscht hat, genug Opfer gebracht zu haben; wenn ihr Vater seine Brüder, die eigentlich niemand sehen wollte, einlädt, mochte er bügeln.

Für Chisako war es ohnehin schwierig, eine Rolle zu finden. Sie ist in Japan viel japanischer als hier in Deutschland, wohl ohne daß sie es merkt. Aber so japanisch zu sein, wie sie es an diesem Tage und schon zuvor bei den Vorbereitungen sein sollte, fiel ihr nicht leicht.

Der Tag selbst begann mit zwei unangenehmen Ereignissen, nämlich frühem Aufstehen und dem zu frühen Eintreffen von Tante Oishi mit ihrem Sohn. Tante Oishi heißt eigentlich Frau Nakao. Chisako und ich haben sie umgetauft. „Oishi" heißt „lecker!", und das war Frau Nakaos Ausruf damals, als sie vor Jahren eine Woche hier in Deutschland war, ausnahmslos bei jedem Essen, bei jedem Gang, eigentlich bei jedem Happen. „Oishi, oishi!", so ging das dauernd. Sie ist eine Dame in den 70ern, Reikos Tante, reich geschmückt, resolut, gerne laut redend und lachend und auch sonst ziemlich weit weg von den Eigenschaften, die wir uns bei einer japanischen Dame vorstellen. Wenn sie da ist, will sie unterhalten werden, wozu Reiko überhaupt keine Zeit hatte. Sie trat also plötzlich, ohne zu klingeln, 1 ½Stunden zu früh durch die Küchentür und besah sich das Durcheinander, das zu dieser Zeit noch herrschte. Chisako war besonders ungehalten. Sie hatte sich gerade die Haare gewaschen, war nicht besuchsmäßig gekleidet und ließ als Ausdruck der Wut einen Schrei. Frau Nakao hatte ihren Sohn mitgenommen, damit er sie im Auto chauffiert; er blieb während der ganzen Ereignisse neutral.

Also begab sich Hitoshi mit ihr und dem Sohn in einen einigermaßen ruhigen Winkel des Wohnzimmers. Sie plauderten und tranken etwas. Ich war stark beschäftigt, vor allem mental. Chisako hatte mir am Morgen klargemacht, daß ich alle Namen kennen müßte, und einen Tischplan mit den Namen gegeben, darunter zehn neue japanische Namen, die zwischen zwei und vier Silben hatten. Ich habe alle Silben hier nach unserem Alphabet sortiert:

hi (zweimal),
ka (dreimal),
ki,
ko (zweimal),
mi (dreimal),
mu, na, ni, no, o, ra, ri, ro, ru, sa,
shi (zweimal),
ta (zweimal),
te, tsu,
yu (dreimal),
zo.

Das wird zu Namen wie Nishimura, Hisanori, Nakao, Takashi usw. zusammengesetzt. Wer es nicht weiß: Das klassische Japanische setzt sich vornehmlich aus etwa 48 Silben zusammen der Art, wie ich sie oben aufgelistet habe. Das ist einer der Gründe, weshalb uns das Erlernen dieser Sprache so schwerfällt.

Ich habe natürlich gemogelt. Mir war klar, daß ich mit den Frauen überhaupt nicht reden mußte, vielleicht gar nicht reden sollte. Nicht einmal die studierende Tochter Yuka konnte Englisch oder sonst eine europäische Sprache. Den Pfarrer Nishimura kannte ich schon, Tante Oishi auch; hier mußte ich nur aufpassen, sie niemals so zu nennen. Reikos Bruder Takashi konnte einigermaßen Englisch und einigermaßen Deutsch. Also genügte es, wenn ich die Namen von Hitoshis Brüdern Hisanori und Yuso lernte. Es genügte wirklich.

Das Restaurant war sehr schön. Ein neues Gebäude, ganz im japanischen Stil, also innen hauptsächlich mit Holz und

Tatami-Matten eingerichtet; mit Reispapier bespannte Schiebetüren; reispapierbespannte Holzrahmen vor den Fenstern; fast keine Inneneinrichtung. In diesem freien Raum, der keine Leere ist, steht dann ein Blumenarrangement, das an dieser Stelle nur schön sein muß, nicht protzig.

Alle waren pünktlich, mit Ausnahme der Brüder Hisanori und Yuso nebst Anhang. Sie kamen – in Japan ungewöhnlich und deplaziert – eine halbe Stunde zu spät und machten davon auch kein sonderliches Wesen.

Gleich als die beiden Brüder ins Restaurant kamen, beging Chisako den Fauxpas, fröhlich auf sie zuzugehen und ihnen zum Gruß die Hand auszustrecken. Vermutlich haben die Herren richtig reagiert, indem sie abrupt stehenblieben, zögernd die Hand nahmen, wie belanglos, und zur Seite schauten. Denn: In Japan ist man nicht fröhlich, sondern man lächelt; in Japan gibt man sich nicht die Hand; man berührt sich bei der Begrüßung und bei der Verabschiedung nicht; und die Nichte – weiblich und jünger – kann nicht dem Onkel – männlich und älter – vorgeben, wie eine Zeremonie abläuft.

Als weitere Gäste waren Reikos Bruder Takashi mit seiner Frau da, Chisakos Bruder Akira mit seiner Frau und zwei kleinen Töchtern und sodann Herr Nishimura, der Pfarrer, zu dessen Gemeinde Reiko gehört, ebenfalls mit seiner Frau. Ihn kannte ich schon.

Wir setzen uns nach genauer Tischordnung an eine sehr lange Tafel, insgesamt 19 Personen. Althergebracht sitzt man flach auf Tatami-Matten. Für ein stundenlanges Essen ist das auch für Japaner arg unbequem. Deshalb gibt es unter dem niedrigen Tisch eine Art Sitzgrube, in die man die Beine hineinstreckt, und dann kann man normal sitzen.

Es gab wunderbares, geradezu künstlerisches Essen, zahlreiche Gänge: Gemüse, rohen Fisch, Suppen, Reis und noch viel mehr. Das wurde gerne aufgenommen („oishi!"). Wichtig waren aber die Getränke. Es gab gleich Sake, Bier, Schnaps und Wein – und nicht zu knapp. Japaner reagieren recht rasch auf Alkohol; erst durch Heiterkeit, dann durch Müdigkeit. So auch hier.

Nach den ersten Genüssen und der ersten Wirkung erklärte mir der mittlere Bruder Hisanori seine ungeheuere Bewunderung. Ich konnte aus der Stimmlage entnehmen, was er mir sagte; es war ungefähr, daß ich ein Pfundskerl sei, hätte er niemals gedacht, daß ich so ein Pfundskerl sei, ganz großartig, ich müsse ihn zusammen mit Chisako unbedingt besuchen kommen und so. Die Begeisterung ließ dann nach und hatte sich bis zum nächsten Morgen so völlig verloren, daß er sich nicht einmal verabschiedete.

Das Essen war ungefähr um 3 Uhr beendet, aber nur das Essen im Lokal. Wir fuhren allesamt nach Hause zurück. Dort waren Wohn- und Eßzimmer in einen Speise- und Festsaal verwandelt. Der Tisch war gedeckt, die besten Gläser blinkten, und aus dem Kühlschrank und den Nebenräumen wurden Platten und Schüsseln herbeigetragen.

Auch das Trinken ging gleich weiter. Chisako und ich hatten einen 5-Liter-Kanister Rotwein mitgebracht, der nun rasch und mutig attackiert wurde. Das führte dazu, daß genauso rasch drei der allerschönsten, allerteuersten und für Reiko allerliebsten Rotweingläser zu Bruch gingen. Ich habe dann (vielleicht für Japan etwas zu tatkräftig) die restlichen Exemplare dieser Sorte gegen einfache Gläser aus der Küche ausgetauscht. Arme Reiko; sie hatte viel Gelegenheit, sich als tapfer zu erweisen.

Aber, wie ich später gehört habe, war sie nicht nur tapfer im Erdulden, sondern auch tapfer im Austeilen. Es gibt in Japan einen Brauch in Bezug auf Hochzeits- und ähnliche Geschenke, den ich, als ich ihn das erste Mal hörte, nicht glauben wollte. Wenn man länger darüber nachdenkt, hat er aber durchaus sein Gutes. Man schenkt nur Geld. Das ist noch nicht ungewöhnlich. Der Trick ist, daß die Hälfte des Betrages beim Abschied zurückgeschenkt wird. Ist das nicht die wundersame Geldvermehrung? Das Geschenk ist, kurz gesagt, doppelt so groß, wie es teuer ist.

Im Detail ist die Regelung komplizierter. Der Beschenkte gibt gleich einen kleinen Teil des Geldes, vielleicht 10 %, als jedenfalls zuviel zurück. Und außerdem gibt er am Ende der Party nicht nur Geld zurück, sondern auch noch eines dieser Geschenke, deren Vorteil die rasche Vergänglichkeit ist. Hier waren es riesige Bonbonnièren. Chisako war am Tag zuvor in Osaka zielstrebig in das teuerste Kaufhaus, dort in die teuerste Süßwarenabteilung, dort an den teuersten Stand gegangen und dort auf eine der teuersten französischen Gebäckkisten verfallen, Grundriß 30 x 30 cm, etwa 10 cm hoch, feinstens verpackt und richtig teuer; sechs Stück.

Diese Vorgeschichte ist notwendig, nicht nur weil sie auch zum Hochzeitsfest gehört, sondern weil nun Reikos Angriff kommt. Sie gab den Frauen von Hisanori und Yuso gleich anfangs nicht nur 10 % des Geldes als jedenfalls zuviel zurück, sondern mehr, gab dann am nächsten Morgen nochmals sehr viel Geld zurück und schenkte obendrein die Bonbonnièren, so daß jeder, der rechnen kann (und in Japan kann jeder rechnen und tut es auch), genau wußte, daß Reiko sich von diesen Personen nichts schenken ließ.

Essen, Bier, Wein und Sake machen müde. Ich habe nicht gedacht, daß man das Problem so einfach lösen kann: Man legt sich egal wo auf den Fußboden und schläft ein. Yuso schlief schon im Lokal ein bißchen. Hisanori lag später im Hause quer im Durchgang zwischen Eßzimmer und Küche. Das war für ihn bequem, nicht aber für uns. Er blieb aber dort, bekam eine dünne Matratze untergelegt und eine Decke auf sich und schlief nun eine Stunde, obwohl er ein Zimmer für die Übernachtung im Hause hatte. Aber wozu die Treppe hinaufsteigen? Tante Oishi, die mit dem Sohn wieder nach Hause fahren wollte, schlief in einem Sessel und schnarchte laut. Ihr Sohn schlief auch, Hitoshi schlief auch. Es war zwischenzeitlich fast wie bei „Dornröschen" und entsprechend friedlich.

Wie lange dieser Abend ging, weiß ich nicht, vielleicht bis 1 Uhr. Ich kann auch nicht sagen, was ich gemacht habe. Nachdem Reikos Bruder gegangen war, gab es niemanden mehr unter den Gästen, der Englisch konnte. Ich versuchte, mich in der Küche nützlich zu machen und im übrigen nicht nur dumm herumzustehen.

Hitoshis beide Brüder mit den Ehefrauen und der einen Tochter waren dann irgendwann doch nach oben in ihre Zimmer gegangen. Wir haben aufgeräumt und abgewaschen.

Der nächste Morgen war ein bißchen schwierig. „Das Wort Familienbande hat einen Beigeschmack von Wahrheit", hat Karl Kraus formuliert. Reiko hatte für die vielen Leute Frühstück zu machen, in Japan eine arbeitsreiche Sache. Ich wollte ein wenig ins Freie, und Hitoshi begleitete mich eine Stunde lang, wo er doch jetzt hätte mit seinen von fern angereisten Brüdern so schön plaudern können. Die Abfahrt der Gäste mittags um halb zwölf hat uns alle sehr erleichtert. So war dieses Fest.

Akira, Chisakos Bruder, war für mich der Held des Tages. Er hat praktisch nichts getrunken, was bei einer solchen Feier eine große Einbuße ist. Er war während des ganzen Festes ruhig, freundlich, hilfsbereit, aufmerksam. Er hat alles erledigt, was zu erledigen war, bis dahin, daß er schnell mit seinem riesigen Auto vom Restaurant aus zu einem Kiosk fuhr, um Batterien für die vielen, unablässig aktiven Fotoapparate zu besorgen. Er hat den Pfarrer mit seiner Frau nachts einen weiten Weg nach Hause gebracht. Er fuhr um Mitternacht noch zur Tankstelle, um Eis zu besorgen, damit weiterer Weißwein gekühlt werden konnte. Er hat unablässig für die Gäste gesorgt. Ich habe ihn sehr bewundert.